麦格劳希尔
给孩子的
经济学
思维课

Economics: Today and Tomorrow

我们买的东西是从哪来的？

[美] 罗杰·勒罗伊·米勒（Roger LeRoy Miller） 著
费伟杰 编译

Copyright © 2008 by The McGraw-Hill Companies, Inc.

All Rights reserved. No part of this publication may be reproduced or transmitted in any form or by any means, electronic or mechanical, including without limitation photocopying, recording, taping, or any database, information or retrieval system, without the prior written permission of the publisher.

This authorized Chinese adaptation is published by China South Booky Culture Media Co., LTD. in arrangement with McGraw-Hill Education (Singapore) Pte. Ltd. This edition is authorized for sale in the People's Republic of China, excluding Hong Kong, Macao SAR and Taiwan.

Translation Copyright © 2024 by McGraw-Hill Education (Singapore) Pte. Ltd. and China South Booky Culture Media Co., LTD.

©中南博集天卷文化传媒有限公司。本书版权受法律保护。未经权利人许可，任何人不得以任何方式使用本书包括正文、插图、封面、版式等任何部分内容，违者将受到法律制裁。

著作权合同登记号：图字18-2023-257

图书在版编目（CIP）数据

我们买的东西是从哪来的？ /（美）罗杰·勒罗伊·米勒著 ; 费伟杰编译. -- 长沙：湖南少年儿童出版社，2024.6
（麦格劳希尔给孩子的经济学思维课）
ISBN 978-7-5562-7421-5

Ⅰ. ①我… Ⅱ. ①罗… ②费… Ⅲ. ①经济学—少儿读物 Ⅳ. ①F0-49

中国国家版本馆CIP数据核字（2024）第012141号

MAIGELAOXI'ER GEI HAIZI DE JINGJIXUE SIWEI KE WOMEN MAI DE DONGXI SHI CONG NA LAI DE?

麦格劳希尔给孩子的经济学思维课 我们买的东西是从哪来的？

[美]罗杰·勒罗伊·米勒（Roger LeRoy Miller） 著　费伟杰 编译

监　制：齐小苗	插　图：贾　涵
责任编辑：张　新　蔡甜甜	营销编辑：刘子嘉
文案编辑：王静岚	装帧设计：霍雨佳

出 版 人：刘星保
出　　版：湖南少年儿童出版社
地　　址：湖南省长沙市晚报大道89号
邮　　编：410016
电　　话：0731-82196320
常年法律顾问：湖南崇民律师事务所　柳成柱律师
经　　销：新华书店
开　　本：875 mm×1230 mm　1/32
字　　数：50千字
版　　次：2024年6月第1版
书　　号：ISBN 978-7-5562-7421-5
印　　刷：天津联城印刷有限公司
印　　张：2.75
印　　次：2024年6月第1次印刷
定　　价：148.00元（全3册）

若有质量问题，请致电质量监督电话：010-59096394　团购电话：010-59320018

目录

1 企业为消费者提供商品或服务　1
- 怎么才能自己当老板？　2
- 哪些企业形式更简单？　7
- 公司也是一种企业　13

2 不同市场中的企业和消费者　21
- 什么是公平竞争的市场环境？　22
- 大部分市场不是完全竞争的　27

3 企业有时也会缺钱　37
- 企业缺钱了怎么办？　38
- 企业在融资时也会面临选择　43
- 企业如何更好地生产？　48

4 企业把产品卖出去才能赚钱　　55
- 企业怎么满足消费者的需求？　　56
- 企业怎么把产品卖出去？　　62

1
企业为消费者提供商品或服务

- 怎么才能自己当老板？
- 哪些企业形式更简单？
- 公司也是一种企业

怎么才能自己当老板？

✳ 如何让更多人欣赏你的作品 ✳

试想一下：热爱音乐的你，从小学习音乐创作，成年之后已经创作了十几首自己的曲子。你为自己在音乐创作领域取得的成就感到无比自豪，如果你想让更多的人听到自己的作品，可以怎么做呢？

你可以把自己的作品上传到在线音乐平台，并讲述自己的故事和创作过程，这或许能给你带来更多的粉丝和顾客。

当然你也可以开通一个公益性质的账号，把你的作品免费分享给更多的人。

你还可以申请注册原创音乐作品的版权，并注册一个企业，出版自己的原创音乐作品专辑CD，把自己的音乐作品变成商品。当然你需要进行宣传，除了宣传自己的故事，还可以宣传每首作品的灵感来源和创作思路。

接下来，你会了解如何创业，以及如何在创业过程中实现你的创意或想法。

如何创立自己的企业？

创业的人都想赚更多的钱，但需要承担一定的风险。

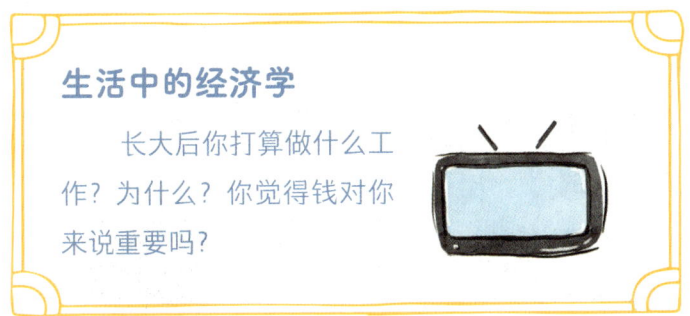

假设你从小就喜欢拆拆装装一些电子设备，现在你已经可以修理大部分的电动玩具，也可以修理的电脑硬件有一些小问题，同学、朋友、邻居们会经常来找你帮忙。于是你产生了一个想法：为大家提供修理服务，为什么不收费呢？为什么不把它做成一门生意呢？

创业的人也叫创业者，人们创业通常是为了赚钱，或者做一些自己喜欢的事情。当然，自己当老板需要承担一定的风险。

当你决定创业后，你首先要想清楚你要生产什么商品，或者提供什么服务，你要把你的商品或服务卖给谁。除此之外，你还要调查潜在竞争对手的情况。

创业者还必须尽可能多地了解相关的法律法规和税务规定,当然首先要注册自己的企业以及相关的知识产权,比如专利、著作权等等。

想要创业的人可以从政府、社会和网络上获取帮助。比如,初创企业经常能够获得税收方面的减免,能节省一大笔钱。社会上有一种机构叫作"孵化器",就像孵化小鸡一样,孵化器也可以帮助"孵化"小型企业。它可以给创业者提供很多便利和帮助,比如提供便宜甚至免费的办公场地,帮创业者找到合适的合作伙伴。此外,互联网上有和创业相关的大量信息,创业者可以在网上学习如何制订商业计划,也可以学习其他创业者的"成功秘诀"。

 ## 企业经营过程中有哪些重要的事项?

企业经营是一个复杂的过程,创业者要关注一些重要的事项。

生活中的经济学

如果你的"电子产品维修"创业项目已经开始了,你会考虑哪些问题?

不花钱怎么能赚钱?一个企业会有很多的支出。如果你要开面包店,你需要租房,购买烤箱,雇用烘焙师;如果你打算提供电子产品维修服务,你需要购买工具。

无论你要做什么,你可能都需要给政府交税,这是法律规定的义务,不过政府对创业企业的税会有所减免。

此外,人员的工资也是一项重要的支出,而且你应当给自己付工资,工资金额应该等于你在其他地方工作可能赚取的收入。这一点非常重要,你在计算利润或损失时一定不要忘记这个机会成本。

你销售商品或提供服务时,客户付给你的钱就是你的收入。用你的收入减去总的支出,得到的就是利润了。当然如果收入小于支出,就说明你亏损了。一定记住,不要把收

入和利润混为一谈！记住下面的公式：收入 - 支出 = 利润。

怎么让潜在客户知道你的产品呢？当你创业时，你一定要让你的潜在客户了解你的商品或服务，最好能使对方产生购买的欲望。你可以印制并派发广告传单来宣传你的业务，也可以在报纸、杂志、网站等地方投放广告，还可以找人进行直播带货。

你需要在风险与收益中进行权衡取舍。每位创业者都在冒险，所以你必须平衡创业中的风险和收益。举例来说，如果你把企业的一部分储蓄用于投放广告或租用办公室，你就是在承担风险，因为你可能无法获得足够多的收入来抵消这些固定支出。

哪些企业形式更简单？

✹ 年轻的创业者 ✹

只要你开始使用电脑，你就不可避免地会和微软打交道。90% 以上的电脑操作系统是 Windows，90% 以上的办公软件是 Microsoft Office，这两个产品都来自微软。

微软的创始人比尔·盖茨（Bill Gates）13 岁开始学习计算机编程，17 岁时把他的第一个电脑编程作品（一个时间管理表格系统）卖给了他的高中学校，价格是 4200 美元。

盖茨 18 岁考入了哈佛大学。在大学期间，他和伙伴编写出一套程序卖给了 MITS 公司，收入高达 18 万美元。

1976 年，盖茨成立了微软公司，相继开发出了 Windows 操作系统和 Microsoft Office 办公软件，带领微软成为世界上最大的软件企业。盖茨本人从 40 岁起，18 次成为世界首富。

很多年轻人都梦想自己创业，成为自己的老板。企业的组织形式有很多种，创业者可以选择适合自己的形式。接下

来，你会了解最常见的两种企业组织形式：个人独资企业和合伙企业。

个人独资企业是最简单的企业形式？

个人独资企业是由一个人独自拥有的企业。

> **生活中的经济学**
>
> 如果你想创业，你想要一个人说了算吗？

个人独资企业是最常见的企业组织形式之一，也就是由一个人所拥有的企业。你应该和很多个人独资企业打过交道，只是你可能没有意识到。马路边的小商店、小饭店等很可能就是个人独资企业。如果你自己要创立一个提供电子产品维修服务的企业，又没有合适的合作伙伴，你可以申请注册个人独资企业。

个人独资企业既有优点，也有缺点。自己一个人当老板，可以把企业打造成自己想要的样子，如果企业经营得好，所有者能够获得全部利润。但是，一个人经

营一家企业既费时又费力，如果企业经营失败，所有者要承担全部责任，所有者个人的财产，比如房屋和汽车，都可能会被用于偿还企业的负债。

合伙企业可以发挥每个合伙人的优势

合伙企业是由两个或两个以上的个人拥有的企业。

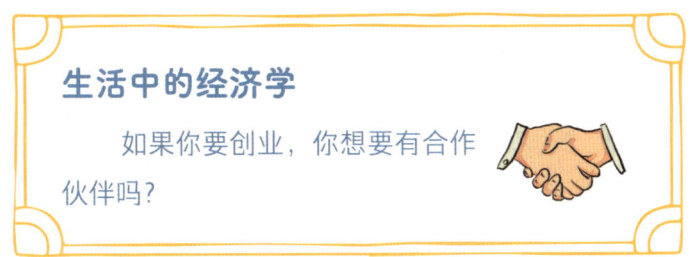

生活中的经济学

如果你要创业，你想要有合作伙伴吗？

如果你的电子产品维修企业发展得特别好，你的工作已经过于饱和，几乎没有时间做其他事情。这时候，你可以找一位伙伴来一起拓展业务。

　　在合伙企业中，两个或两个以上的个人共同拥有一家企业。合伙人之间会签订合伙协议，协议会说明每位合伙人的职责、利润分配比例，以及协议终止时财产如何分配的问题。

　　如果每位合伙人都有自己擅长的领域，那么合伙就比单打独斗更有优势，合伙企业就比个人独资企业更有效率。但是，由于合伙人必须一起工作，所以做决策通常会比较慢，而且合伙人之间如果有分歧，还可能会出现其他的问题。

卢英德

百事公司前任首席执行官（1955— ）

卢英德（Indra K. Nooyi）1994年加盟百事公司，担任首席战略官。1997年，在她的建议下，必胜客、肯德基等品牌从百事公司独立出来，成立了百胜公司（你在肯德基和必胜客喝的可乐是百事可乐，在麦当劳喝的可乐是可口可乐）。之后，卢英德还担任过百事的首席财务官和首席执行官。

那么，作为一名来自印度的女性，她是如何在不到40岁的时候就成了这家世界500强公司的高管的？

卢英德认为自己在某种程度上成功地找到了作为姐姐、妻子、妈妈、印度女儿和儿媳妇的幸福，同时作为一名商业领袖，她发现了过去一直指引自己的5条简单法则：

第一，无论选择做什么，制定高目标，然后全身心投入。

第二，学无止境。有人认为离开学校后就不用学习了，那是他们被严重误导了。

第三，思想保持开放。想要别人尊重自己，就要先尊重别人。

第四，谨记所有人都与众不同。不要隐藏自己，不要隐藏什么成就了现在的你，保持自我。

第五，牢记生命中三样最重要的东西——家庭、朋友和信仰。

另外，卢英德一直热衷于玩电音吉他，她还曾担任摇滚乐队的主音吉他手。

> **想一想**
>
> 卢英德扮演着许多角色，对她来说，哪些角色是最重要的？为什么？
>
> 在卢英德的5条法则中，对你来说哪一条最重要？为什么？

公司也是一种企业

✳ 中国茶饮背后的年轻人 ✳

新式奶茶是人们当代日常生活中随处可见的饮品。喜茶、奈雪的茶、茶百道、CoCo都可、茶颜悦色、蜜雪冰城……这一个个品牌，无论你是否品尝过，你都很难说自己没见过，它们遍布中国城市的大街小巷。

喜茶的创始人聂云宸出生于1991年，21岁时他开了第一家茶饮店。截至2023年底，喜茶门店数已经超过3200家，自2022年11月开放加盟后不到一年就增加了1000多家加盟店。

奈雪的茶创始人彭心出生于1987年，28岁时她开了第一家茶饮店。截至2023年7月，门店数接近1200家，全部为直营门店，首批加盟店于2023年下半年开业。

茶百道创始人王霄锟出生于1983年，25岁时开了第一家茶饮店，截至2023年8月，门店总数超过7000家，99%为加盟店。

除了茶饮品牌创始人的年轻化，你还会发现，这些品牌都先后走上了加盟之路。

和个人独资企业、合伙企业一样，公司也是企业的一种组织形式。那么，企业家为什么要成立公司呢？接下来，你会了解公司成立的原因以及与特许经营相关的内容。

为什么要成立公司？

公司的所有者，也就是股东，通过持有一家公司的股份，对该公司的利润和资产拥有一定比例的所有权。

生活中的经济学

你是否曾经将企业和公司混为一谈？你在哪些场合听到过"公司"这个词？

假设你的电子产品维修企业已经发展起来了。你想继续扩大业务并租用一个店面，以便让更多人注意到你的企业。你还想购买最新的设备，因为新设备可以降低成本，这样可以使你的价格比竞争对手更低，进而占据更大的市场份额。这时候你需要引入金融资本。

你不想再找更多的合伙人了，因为你不想企业的每件小事都要跟那么多合伙人商量。你想要的是财务支持者，或者叫财务投资人，他们能让你使用他们的钱，同时还由你来经营和管理企业。所有的这些想法意味着你非常需要成立一家公司。公司也是一种企业组织形式，但法律将其视为个人，一般称为法人。就像个人一样，公司可以拥有财产，可以借款，可以纳税，可以签订合同，还可以起诉和被起诉，等等。

公司最主要的优势是所有股东承担有限责任。也就是说，如果公司破产或被起诉，股东的损失最多也就是他们对公司已经投资的金额。如果你成立了电子产品维修公司，那么你一定要分清哪些是你个人的行为，哪些是公司的行为。

你如果使用公司设备为自己修理电脑，你个人也要给公司支付维修费。你既是公司的股东，也是公司的员工，所以你从公司领取薪水也合情合理。你如果从公司账户借款，你

个人应当和公司签订借款合同，并且按照约定还款。当然，公司支付了所有的支出后，如果还有剩余就是利润，可以用来给股东们分红。

那么，如果你和你的合伙人决定成立一家公司，应该怎么做呢？

　　首先,你们必须向经营所在地的政府部门提交注册公司的申报材料,获得批准后你会收到公司的营业执照。然后,你需要到银行申请开立公司的账户,用于经营过程中的收款和付款。

　　为了筹集资金扩大业务规模,你可以出售一部分公司的股份。花钱买了你公司股份的人,也就是公司的投资人,会因此获得公司的部分所有权,可以享受公司未来的利润,同时也获得了在股东大会上的投票权。

　　股东大会由全体股东组成,是公司的最高权力机关,只负责决定公司的重大事项。股东大会选举董事会成员组成董事会,作为公司的常设机关,董事会行使经营决策权。董事会不负责公司的日常管理,但会为公司聘请高级管理人员,比如总裁、副总裁和财务主管等。

很多连锁店都采用了特许经营的方式

特许经营是一种经营方式,特许人以合同形式将其拥有的商标、专利等资源许可其他人或企业使用,使用人向特许人支付一定费用。

生活中的经济学

你去过麦当劳、喜茶、全家等连锁店吗?这些连锁店大部分是特许经营的,也就是我们平常说的加盟店。

如果你想开一家茶饮店,你有两种选择。你可以自己创立一个品牌,从零开始干,虽然开始可能很艰难,但一旦成功了,你可以开展特许经营,输出你的品牌和经营理念,实现更大的梦想。你还可以加盟一家现有的茶饮店,比如喜茶,会授权你使用其商标、配方、IT系统等等,这会帮你节省不少精力,相对更容易成功,但你需要支付一定的加盟费。

很多连锁店,比如快餐店、茶饮店和便利店,可能都是

17

加盟店。与加盟店对应的是公司自己开的店,也叫直营店。直营店和加盟店是从生产者角度区分的。

事实上,你没办法从外观上看出来某家店是直营店还是加盟店。因为对消费者来讲,直营店和加盟店提供的商品或服务并没有什么差别。

喜茶开创新茶饮

喜茶之所以受到一些年轻人青睐,不仅在于它注重产品的创新,还在于它尝试用充满灵感的设计为用户带来全新的空间感受,在门店形态和设计上不断进行探索。喜茶既有在深度理解中华文化精神内核的基础上,用年轻化的现代设计手法来创造和呈现的"中式灵感风"门店;也有采用黑金风格,深入探索茶饮文化的多种可能性,进行先锋实验的黑金店;等等。

2022年11月,喜茶开放加盟,截至2023年底,门店总数超过了3200家,其中加盟店超过了2300家。喜茶透露,开放加盟后,几个月来每月收到的申请都超过了1万份。目前,超过一半的喜茶加盟商已开出2家及以上的门店,还有多位加盟商半年内各开出了数十家门店。喜茶将加盟商的热情归因于门店表现。在50平方米为主力店型的喜茶加盟店中,出现了月销售额达百万元的门店。

> **想一想**

2023年喜茶门店数为什么超过了3200家?

申请加盟喜茶的人为什么那么多?

2

不同市场中的企业和消费者

- 什么是公平竞争的市场环境?
- 大部分市场不是完全竞争的

什么是公平竞争的市场环境？

✳ 可口可乐真的有不老基因吗？ ✳

2022年2月，可口可乐公司发布了首款以太空为灵感的限定产品——可口可乐"星河漫步"。"星河漫步"在经典口味的基础上增添了一些像来自"外太空"的元素，包括渐变的紫红色包装、星星镂空点缀等。

2022年5月，可口可乐公司又推出了一款限定产品——以元宇宙概念为灵感的可口可乐"律动方块"，旨在以虚拟世界的创意体验对话更多年轻消费者。"律动方块"除了产品口味上的创新，还采用了极富创意的包装设计，利用像素方块的形状来绘制可口可乐的经典标志，呈现出复古怀旧的电子游戏风格。

可口可乐公司已经认识到，要想保持繁荣，就必须不断改变。很长一段时间以来，可口可乐一直坚持己见，沉湎于过去，坚持认为其商业模式具有黄金一样的价值：以几毛钱的成本生产可乐浓缩物，然后通过全球灌装公司以几元钱的价格卖给消费者。可口可乐曾一直认为，他们推出什么，消费者就会喜欢什么。

然而，要打动新一代的年轻人，让他们心甘情愿

> 地买单，"星河漫步"和"律动方块"这种概念上的创新已远远不够。年轻人希望有更多的选择，并且要自己来选择。

当两家或两家以上的企业争相说服消费者，让消费者购买他们的商品或服务时，就会出现竞争。竞争对消费者是有利的。首先，竞争为消费者提供了多个选择。其次，如果某个产品有许多竞品供应商，价格就会降低。也正是这些原因，每个生产者或商家都希望竞争尽可能少。

完全竞争市场对消费者最有利

完全竞争市场中有非常多的卖家，不同的卖家销售的商品或服务几乎一样，每个卖家只占整个市场的很小一部分，谁都没办法控制价格。消费者最喜欢这样的完全竞争市场。

生活中的经济学

作为消费者,你是希望家附近的商店更多还是更少?

你是否注意到,不同商品或服务的卖家数量可能会差别很大。比如在中国,西红柿的卖家多到数不过来,但常见的加油站只有中国石油和中国石化。因此,不同行业的竞争情况不太一样。按照企业面临的竞争程度,经济学家把市场分为四类:完全竞争市场、垄断竞争市场、寡头垄断市场和完全垄断市场。

如果某种商品或服务有非常多的卖家,以至于每个卖家只占整个市场的很小一部分时,就出现了一种市场结构,经济学家把这种市场称为完全竞争市场。在完全竞争市场中,产品的价格由供给和需求共同决定,单个卖方或买方都无法决定价格。

完全竞争市场一般具有以下 5 个主要特征:

1. 市场足够大,即产品的买家和卖家数量足够多。

2. 几乎同质的产品,他们所销售的商品或服务几乎相同。

3. 市场容易进入和退出,谁也无法阻止别人进入市场,也无法阻止别人退出市场。

4. 买家和卖家都很容易获得有关价格的信息。

5. 无论是买家还是卖家,几乎不可能控制价格。

因为要同时满足这5个条件并不容易,所以现实世界中很少有真正的完全竞争市场。西红柿市场、土豆市场等农产品市场非常接近完全竞争市场。

作为消费者,你肯定更喜欢完全竞争市场。因为市场竞争越激烈,消费者越容易获得更高的性价比。而生产者总是希望竞争少一些,因为市场竞争越少,生产者越容易获得较高的利润。

农产品市场非常接近完全竞争市场

农产品市场基本符合完全竞争市场的5个特征。

> **生活中的经济学**
>
> 假设一个市场中的小麦品种和品质没有什么差别,如果老王家小麦的价格是其他家的2倍,你觉得老王家的小麦能卖得出去吗?

现实生活中，完全竞争的行业很少，其中一个接近完全竞争市场的是农产品市场，因为农民几乎没有任何办法控制农产品的市场价格。任何一位种植小麦的农民都无法影响小麦的价格，只有供给和需求的相互作用才能决定小麦的市场价格，农民和消费者都只能被动接受。如果1千克小麦的市场价格是1.5元，这就是每位农民和每位消费者需要接受的价格。如果有农民试图将价格提高到1千克2元以上，他会发现没有人购买他的小麦。

综合来看，小麦市场几乎符合完全竞争市场的所有特征，如下表所示：

完全竞争市场：小麦市场

1. 大量农民种植小麦，大量消费者购买小麦。

2. 不同农场的小麦几乎一样。

3. 想种植小麦很容易，放弃种植就更容易了。

4. 小麦价格信息非常容易获取，在网上几秒钟就能查到。

5. 成千上万的小麦种植户聚在一起控制价格的可能性很小。

大部分市场不是完全竞争的

✳ 微软的垄断之路还能继续吗？ ✳

多年来，微软公司的 Windows 操作系统一直占据电脑操作系统市场的主导地位。无论是个人用户还是企业用户，几乎都离不开 Windows 系统。

从 1985 年开始，微软不断推出新版本的 Windows，以维持其在操作系统市场的垄断地位。从 Windows 1.0 到 Windows 3.0，从 Windows 95 到 Windows 2000，从 Windows 7 到 Windows 11，微软的版本迭代始终没有停止。

2023 年 7 月，中国发布了自主研发的"开放麒麟 1.0"操作系统。这标志着中国在电脑操作系统领域取得了重大突破，为中国科技行业的发展注入了新的活力。

现实世界中，真正的完全竞争市场很少见，大多数行业的市场都处于某种形式的不完全竞争中。经济学家将不完全竞争市场分为完全垄断市场、寡头垄断市场和垄断竞争市场。

接下来，你会了解这些市场之间的差异。

完全垄断市场中的消费者没办法做选择

当单个卖家控制商品或服务的供给，并能很大程度上决定其价格的时候，就说明存在垄断。

> **生活中的经济学**
>
> 问一下你的同学们，家里的电脑用的是什么操作系统？

完全竞争市场是一种极端形式，需要非常多的卖家。而完全垄断市场是另一种极端形式，因为只有一个卖家控制商品或服务的供应，从而决定其价格。比如，在电脑操作系统市场，微软的 Windows 非常接近完全垄断的情形。

在完全垄断市场中，卖家作为垄断者，可以提高价格而不必担心失去业务，因为买家无法从其他地方购买到这种商品或服务。但是，卖家的定价不能太离谱，因为需求原理在垄断市场仍然有效。如果商品或服务的价格上涨，消费者的购买量仍会减少。

为什么其他企业不进入完全垄断的市场中来瓜分一部分利润呢？一个卖家之所以会成为垄断者，一定是因为这个市场存在阻止其他人进入的障碍，比如垄断者掌握了核心的技术并申请了专利，或者进入这个行业需要非常高的起步成本，经济学家把这种进入障碍叫作"进入壁垒"。

完全垄断市场一般具有以下4个主要特征：

1. 只有一个卖家提供该商品或服务。
2. 没有与垄断者所售商品或服务相似的替代品。
3. 存在进入壁垒，即存在阻止其他卖家进入市场的障碍。
4. 通过控制供给，垄断者几乎能完全控制市场价格。

现实世界中，真正的完全垄断也很少见。为了保护公平竞争的市场环境，维护消费者的利益，很多国家都制定了反垄断相关的法律，比如美国的《谢尔曼法》，中国的《中华人民共和国反垄断法》。

寡头垄断市场只有少数几个卖家

如果一个行业由少数几家大企业主导，他们能对市场价格进行一定程度的控制，这就是寡头垄断市场。

生活中的经济学

你能说出几家世界上生产民用飞机的企业吗？你能说出几家中国的手机通信运营商吗？

与只有一个卖家的完全垄断市场不同，寡头垄断市场由少数几个卖家共同主导，这些卖家对价格进行一定程度的控制。比如：法国空客、美国波音和加拿大庞巴迪是全球民用飞机市场的三大寡头，中国移动、中国联通、中国电信是中国手机通信运营市场的三大寡头。

寡头垄断市场中不同企业的产品在品类上会趋于同质化，在细节上会尽量差异化，目的是让消费者觉得他们的产品更与众不同。以中国的汽车市场为例，宝马、奔驰等汽车品牌处于汽车市场寡头垄断的地位，他们都会制造出差不多等级和价位的轿车和运动型多功能车（SUV），但宝马在宣传的时候会强调操控性能和驾驶体验，奔驰则会强调豪华和舒适，

因此有了"开宝马、坐奔驰"的说法。

寡头垄断市场中,企业的数量很少,无论其中一家企业做什么,其他企业很可能会效仿。例如,一家航空公司降低机票价格时,其他航空公司也会跟着降低机票价格,降价幅度甚至会更大。虽然这种类型的价格战最初对消费者有利,但是如果价格降太多,很可能会导致航空公司破产。如果航空公司减少,竞争就会减少,从长远来看,这可能会抬高机票的价格。

相反,如果寡头垄断市场中的几家企业秘密达成一致,统一提高价格或者分割市场,他们就是在共谋,或者叫串通,这会损害消费者的利益。

寡头垄断市场一般具有以下 5 个特征:

1. 由少数几家大企业主导,几家大企业占据市场 70%—80% 的份额。

2. 有进入壁垒,新企业很难进入市场。

3. 寡头垄断市场提供的商品或服务都非常相似。

4. 非价格竞争,往往通过广告强调产品的细微差异。

5. 一家企业的某些改变可能影响其他企业的行为。

垄断竞争市场是最常见的市场

在一个市场中,如果有大量卖家提供相似但略有不同的产品,并且每个卖家都能在一定程度上控制价格,这就是垄断竞争市场。

生活中的经济学

为什么同样是理发店,价格却会有差别?

相对于完全竞争市场、完全垄断市场和寡头垄断市场,垄断竞争市场是最常见的。在垄断竞争市场中,大量的卖方提供相似但略有不同的商品或服务。比如,餐饮市场是一个典型的垄断竞争市场,每个城市都有数不清的饭店,虽然都能填饱肚子,但口味不同,环境不同,所以价格也会有所不同。

垄断竞争市场的许多特征与寡头垄断市场相同,他们之间的区别主要在于产品的卖家数量。寡头垄断市场的卖家数量很少,而垄断竞争市场的卖家数量多到数不过来。

垄断竞争市场一般具有以下5个特征：

1. 有大量卖家，不存在单个或少数卖家主导市场的情形。
2. 相比完全垄断市场或寡头垄断市场，进入垄断竞争市场相对容易。
3. 为了吸引客户，每个卖家销售的产品都有差异。
4. 没有价格竞争，企业通过产品差异化和广告来竞争。
5. 通过产品差异化使消费者忠诚于品牌，每家企业都能在一定程度上控制价格。

垄断竞争是最常见的市场结构。消费者忠诚于品牌对垄断竞争市场中的企业非常重要，所以他们要做较多的营销和广告宣传。

当然，对于大量投放广告这件事，既有批评者，也有支持者。批评者声称，广告诱使消费者仅仅因为品牌就在产品上花费更多的钱。而支持者认为，品牌意味着质量有保证，广告有助于降低消费者在众多竞争品牌中进行权衡的成本。

恶意抬价应当受到惩罚吗？

卖家故意大幅度提高必需品价格的行为，比如大幅度提高食品、衣服、房屋、药品、汽油及在紧急情况下用来保护生命财产的设备的价格，我们称之为恶意抬价。2020年新冠疫情开始后，大部分商家把口罩、消毒液等防护用品的价格提高了几倍。消费者抱怨，这种恶意抬价给防护用品企业和商家带来了不合理的利润。在一些国家，恶意抬价是违法的，但很少有企业或商家真正受到惩罚。是否应该出台或加强执行禁止恶意抬价的法律呢？

正方

不应该！所有价格都应该由供需决定！

价格不是凭空而来的任意数字，而是供给方和需求方共同作用的结果。新冠疫情刚开始，防护用品的供给没有发生变化，而需求突然迅速增加，导致需求曲线向右移动，市场价格上涨。此外，经济学原理告诉我们，一个东西越稀缺，价格会越高。新冠疫情开始后，防护用品很快就供不应求了，从几乎没什么人戴口罩，到每个人都戴口罩，而且家里还要尽可能囤一些口罩，这加剧了口罩的稀缺性，价格大幅上涨是可以理解的。因此，新环境下的新价格与旧环境下的旧价格一样具有经济意义。

价格有什么作用呢？它不仅能够让卖家收回成本，还会让买家控制他们的需求。如果防护用品的价格被控制在新冠疫情发生之前的水平，会出现什么样的情况？几乎所有的人都会大量囤积防护用品，导致很多人买不到。价格大幅上涨之后，很多人买的时候会权衡一下，不会那么肆无忌惮，就会为其他人留下一些。

反方

应该！政府应该对一些必需品的价格实施严格监管！

新冠疫情开始后，各种防护用品的价格迅速飙升，很多消费者苦不堪言。要么抢不到，要么付出了极其高昂的代价才能抢到。很多商人发现防护用品有利可图，于是纷纷转行生产口罩、防护服、消毒液等防护用品，导致各种原材料和机器设备价格也开始上涨。

即使疫情缓解，防护用品的价格仍在高位徘徊，这种情况持续了很长时间。在这件事上，消费者没有讨价还价的余地。

如果真的要打击恶意抬价的行为，无法可依的国家应该尽快出台相关法律，已经立法的国家应该出台细则，解决执法过程中的各种问题。

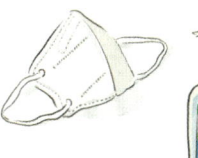

想一想

恶意抬价对谁有利？对谁不利？

你支持哪一方的观点？为什么？

询问父母或者使用互联网资源，了解更多关于恶意抬价的案例。你还有其他解决问题的方案吗？

3

企业有时也会缺钱

- 企业缺钱了怎么办？
- 企业在融资时也会面临选择
- 企业如何更好地生产？

企业缺钱了怎么办？

✳ 初创公司的钱从哪里来？ ✳

企业作为经济中最重要的角色之一，不断推动着经济和社会的发展。事实上，任何企业起步的时候都需要钱，这些钱不一定都是老板自己的，也可能是别人的。老板怎样用别人的钱开公司呢？

有一类企业叫作风险投资公司，他们把个人和企业多余的钱集中起来，然后投给一些有前途的创业公司。人们一般把风险投资公司称为专业投资人。但是，对一家刚成立的公司来说，非专业投资人的投资可能更重要。那么，哪些是非专业投资人呢？除了老板本人，老板的家人、朋友，甚至有些陌生人都可以成为非专业投资人。如果没有非专业投资人的投资，很多公司可能无法诞生。

1976年乔布斯和朋友沃兹尼克为了凑钱卖掉了自己的家当，在自家车库里成立了苹果公司。经人介绍，乔布斯认识了硅谷的年轻富豪马库拉，马库拉非常看好乔布斯的计划，向他投资了一大笔钱，换取30%的股份。

一个企业的起步并不是那么容易,比如企业需要准备足够的钱来满足短期或长期的资金需求。接下来,你会了解初创企业的钱从哪里来。

企业在融资之前要进行权衡取舍

如果企业要扩大规模,可能就需要考虑融资了。

> **生活中的经济学**
>
> 你听说过风险投资吗?银行可以给你提供哪些帮助?

融资是指筹集资金,也就是找钱。有时候,企业会遇到资金紧张、周转不开的情况,这时候需要融资,以便维持生存。如果企业要扩大规模,比如开新店或者上新项目,也可能需要融资。从银行借款是一种融资,找人或者找机构来投资也是一种融资。

你的电子产品维修公司生意很好,如果你还想赚更多的钱,那么你可以考虑再开一家店。可是新开一家店

需要租房、买设备、雇人，你自己存的钱不够怎么办？

  事实上，你有很多融资方法，比如，你可以向家人或朋友借款，也可以向银行借款，你还可以说服别人购买你公司的股权，也就是股权融资。别人购买你公司的股权就是让更多人成为你公司的老板，只是每个人所占的比例可能不同。当然，融资之前，你需要进行权衡取舍：选择借款还是选择股权融资？选择借款的话是向家人和朋友借，还是向银行借？

使用稀缺的金钱需要付出成本

  金钱是一种稀缺的资源，所以无论选择哪种融资方式，你都要付出成本。从银行借款需要支付利息，进行股权融资需要付出企业一部分未来的利润。

生活中的经济学

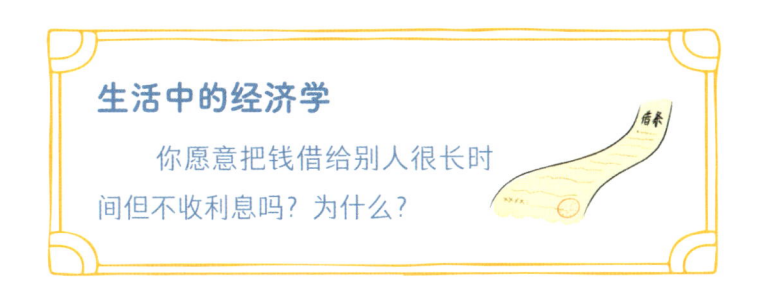

你愿意把钱借给别人很长时间但不收利息吗？为什么？

无论是银行，还是其他机构或个人，他们借钱给你，很大可能是为了得到回报。因为大家的钱都具有稀缺性，都是有成本的。银行的钱实际是存款人的钱，因为银行需要付给存款人利息，所以银行吸收存款是有成本的。风险投资公司的钱来自很多的出资人，而每个出资人都希望赚取更高的收益，所以这个钱是有成本的。即使是你朋友自己的钱，也是有成本的，只不过这个成本是机会成本，因为他把钱借给你，他就放弃了把这些钱存银行的利息收益。

因为借款需要支付利息，所以，如果你要通过借款来融资，就要考虑每年增加的利润是否足够支付每年的利息。如果利润大于利息，这个融资方案就是可行的；如果利润小于利息，这个方案就不可行。

比如，你的电子产品维修公司要融资扩大规模，你想要向银行借款 100 万元，年利率 6%，也就是每年 6 万元的利息。如果你的新店预计每年能获得利润 20 万元，高于每年支付的利息，这个融资方案就是可行的。如果你的新店预计每年只能获得利润 5 万元，低于每年支付的利息，那这个融资方案就是不可行的。

企业在融资时也会面临选择

✳ 融资急出来的白发 ✳

相比今天的辉煌,京东有过很长一段艰难的岁月。2008年,京东发展进入关键阶段,资金却面临枯竭。据说,老板刘强东的那一缕白发就是因为融资急出来的。

京东开始融资是2007年,那一年今日资本分两次向京东投资共1000万美元。这1000万美元融资很快就花完了,到2008年10月,京东想再融资时金融危机来了。

那段时间,刘强东见了40多个风险投资机构,最多一天见过5个,结果所有人都说不。而京东如果再拿不到钱,要么借高利贷,要么资金链断裂。

最终,包括今日资本的投资在内,京东共获得了2100万美元的融资,这才解了燃眉之急。

企业可以根据自身需要选择合适的融资方式。接下来,你会了解企业在融资中面临的选择。

企业的融资期限有长有短

企业融资的期限有短期的、中期的和长期的。

生活中的经济学

同样是住房贷款,为什么有的人借 10 年期,有的人借 20 年期,还有的人借 30 年期?

同样的一笔住房贷款,选择的期限越长,每个月的还款金额越少。选择什么期限,很大程度上取决于借款人的还款能力。如果一个人月收入 8000 元,那么他不太可能每月还款 10000 元,甚至不太可能每月还款 8000 元,因为还要留出一部分收入用于每月生活必需品的支出。

企业融资也有不同的期限,有 1 年以内的短期借款,有 1 到 5 年的中期借款,也有 5 年以上的长期借款和股权融资。

短期借款

期限少于 1 年的企业借款属于短期借款。企业进行短期借款的原因有很多,比如到了种植的季节,企业可能需要借钱购买种子、修理机器,等到收获的季节才有钱进账。从种植到收获一般不到

1年的时间，所以企业的借款期限也不需要超过1年。

中期借款

期限为1到5年的企业借款属于中期借款。如果企业想扩大业务规模，一般会购买更多的土地、房屋或设备，而短期借款通常无法满足这些需求。举个例子，假设你的电子产品维修公司要扩大规模，最好的方法是开新店。无论是租店面、购买设备，还是雇新员工，都需要大笔的支出。如果你存下的钱不够，很可能需要去银行申请借款。但在通常情况下，新店第一年很难赚够钱来归还借款，所以你申请的借款期限最好在1到5年，这样比较稳妥。

长期借款和股权融资

期限超过5年的企业借款属于长期借款，股权融资也可以说是长期的，因为股权融资得到的款不需要归还。企业一般使用长期借款或者股权融资进行大规模的扩张，比如新建厂房，或者更换昂贵、耐用的大型机器设备。

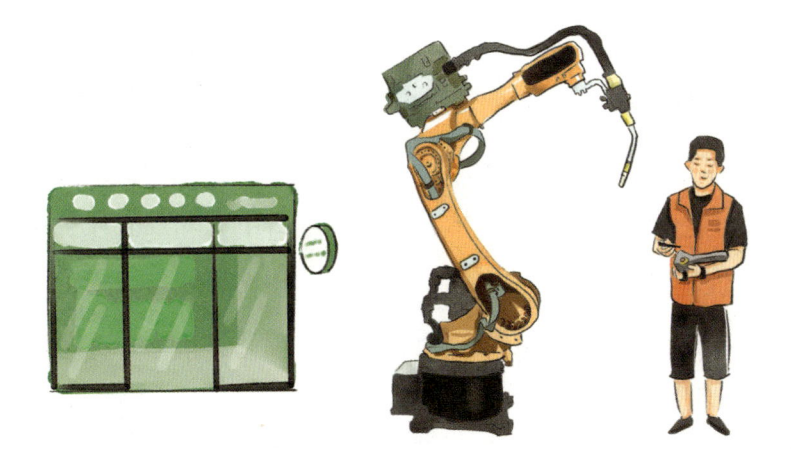

影响企业融资的因素

企业在进行融资决策时,主要考虑以下因素:利率水平、企业的财务状况、宏观经济环境及股东的意见。

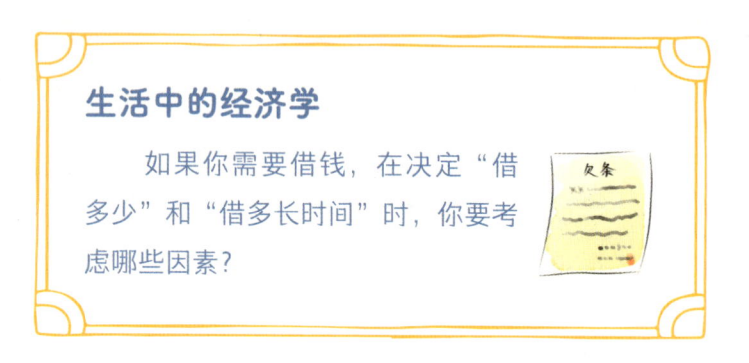

> **生活中的经济学**
>
> 如果你需要借钱,在决定"借多少"和"借多长时间"时,你要考虑哪些因素?

企业在融资时需要做出很多决策,比如:融资金额是多少,融资期限多长,是去银行借款还是用股权融资。企业在做这些决策时,要考虑下面这些因素。

利率水平

当利率普遍较高时,有的企业可能就不愿意借款了,因此可能会推迟扩张,直到利率降低。有时候,企业为了应对重要且紧急的支出,可能会申请一些利率较高的短期借款。

企业的财务状况

如果企业目前的负债不是很多,而且收入和利润比较稳定,或者预期的收入和利润会有增长,那么企业适当增加一些借款也是安全的。如果企业目前的负债已经很多,无论收入和利润的情况如何，企业继续增加借款都是有风险的，这时候一定要谨慎。

宏观经济环境

当企业考虑是否通过公开发行股票（股权融资的一种）来融资时，需要了解宏观经济环境。如果宏观经济欣欣向荣，投资者也很有信心，这时候企业通过发行股票来融资可能是更好的选择。如果宏观经济增长缓慢，投资者信心不足，企业更适合通过借款来融资，或者推迟扩张。

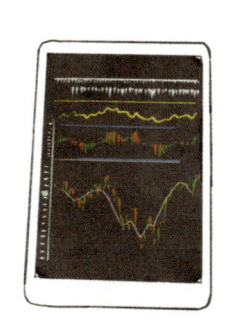

股东的意见

无论是申请银行借款，还是进行股权融资，都是企业的重大决策，按照法律规定，都需要经过股东大会的批准。

企业如何更好地生产？

✳ 质量管理助力经济发展 ✳

1950年夏，在日本东京的一次宴会上，几十位日本最具影响力的企业领袖，正在聆听W.爱德华兹·戴明的演讲。这位来自美国的戴明博士从1950年开始，几乎每年都到日本指导企业的质量管理，持续近40年，可以说日本企业的质量管理是由戴明博士带动起来的。

戴明博士早期指导日本企业的质量管理时告诫日本企业家，通过紧盯质量生产出耐久可靠的产品，日本能够成为世界经济的重要力量。仅仅在几个月内，日本企业界就把戴明的教诲落实于行动。自此以后，企业的能耗降低了，质量提高了，日本经济实力更是迅速提升。因此，日本企业界非常敬佩戴明博士，称其为日本的质量管理之父。

戴明博士在日本指导企业质量管理的成功让美国人惊醒，原来日本企业经营成功的背后是一位美国人，因此开始对戴明博士另眼看待。

但直到20世纪80年代，

> 美国的企业才采用了戴明的质量管理原则,这样做很大程度上是为了面对来自日本的竞争。戴明关于全面质量管理的主要观点,被总结为"质量管理14要点",影响了世界各国质量管理的操作流程。
>
> 戴明说,追求质量是提高生产率、获得更多利润、创造更多就业机会的关键,社会也会因此更加富裕。他说,传统的质量管理只是检查生产线的最终结果是否符合要求,而在供应链的每一个环节都应该进行质量管理。

企业通过融资获得了必要的资金后,就可以生产商品或提供服务了。接下来,你会了解企业在生产过程中涉及的流程和环节。

企业的生产要关注哪些环节?

企业把生产资源变成商品的过程叫作生产。企业生产的第一类商品是消费品,也就是直接卖给个人使用的商品,比如饼干、玩具、漫画书。企业生产的第二类商品是资本品,也就是用来生产其他商品的商品,比如汽车零部件和手机屏幕就是资本品,企业生产汽车零部件是为了卖给汽车企业用来生产汽车,生产手机屏幕是为了卖给手机厂商用来生产手机。企业的生产过程涉及多个环节之间的协调，比如计划、采购、质量管理和库存管理。

生活中的经济学

你是否遇到过这种情况：你想要购买的商品，商店卖光了。这时候我们也可以说这家商店没有库存了。

计划

企业要安排好每个生产环节，比如要提前确定好每个环节的开始时间和结束时间，要管理好每个环节需要的劳动力、机器设备和原材料，以便生产能够顺利进行。比如面包店每天要安排烘焙师几点开始和面，几点开始烤箱预热，几点开始上架销售，几点停止烘焙。

采购

企业的采购经理要对采购什么、采购多少、从哪里采购、以什么价格采购做出决策。比如面包店要根据品质和价格来权衡向哪个供应商采购面粉、鸡蛋等原材料。

质量管理

企业要对产品的等级、新鲜程度、好坏、安全性等进行监督。追求质量是提高生产率、获得更多利润、创造更多就业机会的关键。

库存管理

几乎所有的企业都需要备一些原材料，也会备一些产成品。这些留存的原材料和产成品就是库存。如果没有这些库存，企业的生产和销售可能会受到影响。然而，库存是有成本的。企业的库存越多，用于其他活动的资金就越少。例如，建立仓库需要花钱；有些货物，比如药品，存放超过一定时间会变质。所以企业在进行库存管理时要进行权衡取舍，以便生产和销售能顺利进行。

提高生产效率有哪些方式？

不光劳动分工可以提高生产效率，机械化、流水线、自动化和机器人也可以提高生产效率。

生活中的经济学

你见过工厂的流水线吗？

所谓劳动分工，就是把一项工作分解成多项小任务，每项小任务由不同的工人来完成，这比一个人负责所有的任务效率会更高。机械化最初是通过工厂来实现的。工业革命时期，随着工厂引进纺纱机和织布机，企业家用机器取代了手工作业。因此，单位劳动时间内的产量大幅增加，生产效率提高了。

流水线是一个生产系统，在这个系统中，每个工人执行某一特定环节的任务，产品随着传送带的移动经过每一个工人，大大提高了生产效率。

在机械化中，人与机器相结合。而在自动化中，机器工作，人负责监督机器，生产效率就更高了。在我们现在的生活中，自动化已经非常普遍，比如自动交通信号灯、自动门、自动驾驶、自动泊车等都是自动化的应用。

机器人是计算机控制的一种精密机器，可用来操作流水线。现在很多快递包裹的分拣就使用了机器人，这使得分拣效率大大提高，让我们感觉快递更快了。

快递公司如何帮助企业降低库存？

当位于美国得克萨斯州的 M 公司接到一笔平板电脑订单时，位于中国昆山的代工厂工人们就开始组装产品了。完工后，他们会把每一份订单商品单独装箱，然后交给联邦快递公司的一名司机，司机会把这些订单商品运到上海，订单商品在上海被装进一架飞往美国的飞机。飞机降落后，订单商品再经由空运和陆运，最终送到客户手中。该过程共耗时五天左右。那么，M 公司的库存成本是多少呢？答案是"零"。当然，这多亏了联邦快递。

如果没有联邦快递，很多类似 M 公司这样的企业，可能需要花钱建仓库，而建仓库无疑又会增加库存成本，这是一笔非常大的支出。因此，联邦快递对很多企业来说有巨大的存在价值，是很多中国制造业企业不可或缺的合作伙伴。

早在 20 世纪 80 年代，联邦快递就预测，亚洲将成为世界经济龙头。联邦快递目前在中国每周运营超过 300 个国际航班，将中国企业与联邦快递庞大的全球网络相连，把中国企业的产品运往全世界。

想一想

为什么 M 公司的库存成本是零？

4

企业把产品卖出去才能赚钱

- 企业怎么满足消费者的需求？
- 企业怎么把产品卖出去？

企业怎么满足消费者的需求?

✱ 怎么把产品卖给年轻人 ✱

很多企业和广告公司花大量时间研究年轻人的需求,因为年轻人是他们最想要的客户群体,尽管年轻人也是最善变的群体。年轻人是潮流的引领者,定义了什么是"酷",而且年轻人消费起来更随心所欲。

那么,年轻人到底想要什么呢?他们不喜欢一成不变,他们想让生活充满乐趣,他们需要个性化和定制化的产品,他们还想要社交。所以,企业的产品绝不能仅仅是产品,而应该增加更多的属性,比如跨文化、科幻、社交等。

年轻人都在看什么呢?他们很少看电视,更不怎么看报纸和杂志,他们在看知乎、小红书和抖音,这些都是接触年轻人的绝佳渠道。广告公司可以尝试制作有思想的短视频,与年轻人产生共鸣,如果能与他们产生互动,那就再好不过了。

除了融资和生产产品,企业还必须进行营销和推广,把产品卖出去。接下来,你会了解企业为了把产品卖出去需要

开展的活动。

💰 营销是一个满足消费者需求的过程

营销的重点是满足消费者的需求，目标是实现销售额的最大化。

> **生活中的经济学**
>
> 你是否有过这样的经历，你深夜想要买东西，却发现大部分商店都关门了。这时你发现一家 24 小时便利店能满足你的需求。

营销是商品或服务从生产者手中转移到消费者手中的过程，是企业以满足消费者需求为核心而进行的一系列活动。只有满足了消费者的需求，企业才能把商品或服务卖出去，消费者才会心甘情愿地买单。随着经济的发展，营销的理念也在不断进步。

生产理念

这种理念从企业生产出发，而不是从消费者出发。企业认为：我生产什么，消费者就买什么。这种理念产生于产品短缺，也就是供不应求的市场环境下。20世纪初，美国福特汽车公司制造的汽车供不应求，因此，亨利·福特曾傲慢地说："不管顾客需要什么颜色的汽车，我只有一种黑色的。"

产品理念

这种理念从企业的产品出发，也不是从消费者出发。企业注重于生产优质产品，并不断精益求精，但不重视市场需求的变化，忽视市场宣传。这种理念也产生于供不应求的市场环境下。在全民创业的背景下，很多创业者开发出了自己的产品，但推向市场后才发现，这并不是消费者真正想要的，导致前功尽弃。

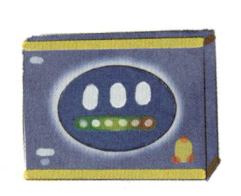

推销理念

这种理念认为，消费者通常不会主动购买大量本企业的产品，因此企业要积极推销、大力促销，以诱导消费者购买产品。持有这种理念的企业认为：我卖什么，就设法让消费者买什么。脑白金就是在这种理念下连续畅销20余年。

市场营销理念

这种理念以消费者需求为导向,贯彻"顾客至上"的原则。该理念认为:企业应该善于发现和了解目标顾客的需求,并千方百计去满足,最大限度地提高顾客满意程度。比如海底捞始终以顾客为中心,从多个层面洞悉消费者的需求。海底捞认为:消费者除了对火锅的品质和安全性有较高的期望,还希望看到笑容,更希望得到尊重。

社会营销理念

随着全球环境破坏、资源短缺等问题日益严重,要求企业顾及消费者利益与社会长远利益的呼声越来越高。比如,农夫山泉有一句广告:你每喝一瓶农夫山泉,就为贫困山区孩子捐出一分钱。这样的营销更容易得到消费者的认可,因为一个简单的消费行为既能满足自己的需求,还有利于社会,何乐而不为?

市场调研是了解消费者需求的好方式

只有了解消费者的需求之后,才能想办法满足消费者的需求。通过市场调研,企业可以确定消费者想要买什么产品,消费者能接受的价格是多少。

生活中的经济学

你是否填写过关于商品或服务的调查问卷？

要知道消费者想要什么，通常很困难，但这对企业来说很重要。因此，在生产商品或提供服务之前，企业都要进行市场调研。这里的市场是指那些商品或服务的潜在购买者。

企业通过市场调研收集、记录和分析数据，比如消费者想要哪些类型的商品和服务，他们能接受的价格在什么区间。从汽车制造商到儿童零食生产商，大多数企业都会在市场调研上投入大量资金。

当你有一个新产品想法的时候，你可以进行一轮市场调研；当你测试样品的时候，你也可以进行一轮市场调研；当你设计包装的时候，你还可以进行一轮市场调研。这些都属于前期的市场调研。

前期的市场调研有两

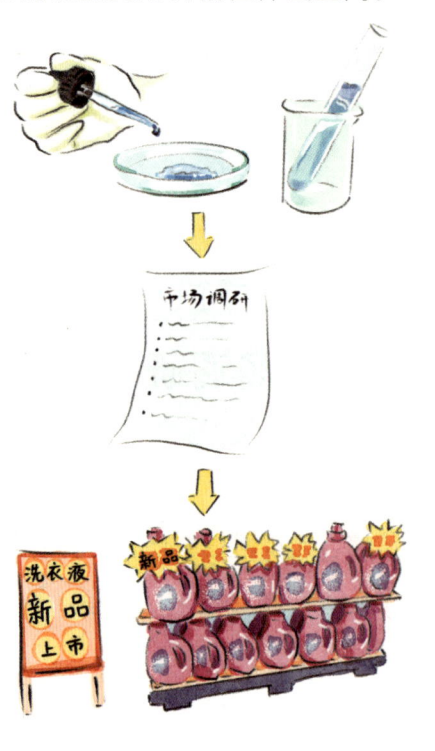

个目的。第一，可以帮助生产者判断他的商品或服务是否有市场，如果有，市场在哪里。第二，可以帮助生产者及时改进产品质量，提升产品功能或完善产品设计。

前期的市场调研需要收集潜在客户的信息，比如客户的年龄、性别、收入、受教育水平和住址等。有了这些信息，生产者对瞄准哪个市场就更容易做出决策了。

产品上市后，为了调查消费者对产品的看法，需要在销售后立即进行市场调研。有些企业还会对广告进行市场调研，以确定自己的广告是否能精准吸引客户。

在进行市场调研时，你可以采用书面的调查问卷形式，也可以进行个人访谈或小组访谈。

企业怎么把产品卖出去？

✳ 当奶茶开始联名时 ✳

2023年9月14日，奈雪的茶宣布推出两款"范特西音乐宇宙"联名奶茶。联名奶茶的包装印有周杰伦《范特西》专辑封面图。22年前的当天，也就是2001年9月14日，周杰伦推出专辑《范特西》，收录了《爱在西元前》《简单爱》《双截棍》等歌曲。联名奶茶首日开售瞬间爆单，首日销售量高达146万杯，创造了奈雪新品首日销量的新纪录。这次联名更是让周杰伦的粉丝欣喜若狂，网友评论："买不到演唱会的票我还买不到奶茶吗？"

在此之前的2023年5月17日，喜茶与FENDI（芬迪）合作推出名为"FENDI喜悦黄"的联名奶茶。FENDI是世界著名奢侈品品牌。当天上午10点左右，北京地区部分喜茶门店线上点单小程序因爆单而崩溃，很多顾客等了近3个小时才拿到奶茶。在小红书上，很多人说这是自己离奢侈品最近的一次，还有人说人生第一个FENDI是喜茶给的。

事实上，联名是一种比较常规的市场营销方式。在当前环境下，如果市场营销能让喜欢你的人更喜欢你，你就成功了一大半。不过，光环终究会成为过去，企业要做的就是不断拥抱变化，拥抱市场，拥抱年轻。

市场竞争越来越激烈，企业只顾着生产已经远远不够，要比以往更加重视营销。企业要想把产品卖出去，需要制定详细的营销策略。接下来，你会了解 4P 营销策略。

什么是 4P 营销策略？

4P 营销策略是指产品(product)、价格(price)、地点(place)和推广（promotion）。

> **生活中的经济学**
>
> 你是否注意过超市收银台上摆放的口香糖等商品？

产品

市场调研有助于企业决定生产什么样的商品或提供什么服务，它还可以帮助企业明确伴随产品提供的附加服务，比如如何包装产品以及使用何种产品标识。

附加服务有助于产品的销售。很多商品都附加保修服务，也有一些企业提供收费服务。例如，如果你要购买1台笔记本电脑，除了享受正常的1年免费保修，你还可以花少量的钱购买2年的延长保修服务。

包装是影响产品销售的一个重要因素。即使产品一样，合适的包装也能从尺寸、设计和颜色等多个方面吸引潜在的消费者。像"全新的""改进的"或"经济型的"等形容包装的词都是用来吸引顾客的。例如，企业通过联名的奶茶包装打造了一个又一个爆品。

产品一旦开始销售，产品标识就变得很重要了。产品的标识是与产品有关并且能被识别的东西。它可以是使用的标志，也可以是包装上使用的某些颜色，还可以是一句广告语。例如，一个黄色的字母 M 是麦当劳的标识，一只白色金属狗是京东的标识。

价格

供给和需求共同决定商品或服务的价格。考虑到供求关系的规律，要确定产品的价格，需要达到两个目的：一是能够成功地吸引消费者，二是使生产者有利可图。给商品或服务定价时，企业要考虑生产、营销等各方面的成本，还要考虑自己期望获得的利润。

当企业推出一款新产品时，定价通常会低一点，这样更容易把消费者吸引过来。这个策略叫渗透定价，比如，有的饭店刚开业的一段时间内会使用优惠券来吸引消费者，或者直接打折。

地点

在哪里销售产品是企业需要做的又一个重要决策。企业决定在哪里销售产品时，首先应该考虑地理位置。因为有些产品可能更适合大城市，而有些产品可能更适合农村。

选择好地理位置，还要选择销售的渠道。可供选择的渠道有很多，比如商场、专卖店、超市、折扣店、网

店等。

　　选择好了销售渠道,还要考虑产品摆放的具体位置。例如,儿童食品如果选择超市销售,通常摆放在较低的架子上,因为这样孩子们更容易看到。

小知识

> 通常情况下,企业会花很高的价钱把他们的产品放在离超市收银台更近的地方,甚至直接放到收银台上,这样消费者在排队等候结账时更容易看到这些产品。这里摆放的常见产品包括棒棒糖、口香糖等。消费者往往会因一时冲动而购买这些产品。

推广

　　企业如果推出新产品,一般需要通过广告等形式进行推广,也就是告诉消费者快来购买。企业可以在报纸、杂志、电台、电视、门户网站等传统媒体上投广告,还可以在微博、微信等新媒体上投广告,现在越来越多的企业选择在短视频平台直播。选择在哪里投广告,更多取决于你的潜在顾客把更多时间花在了哪个媒体上。如果你的产品主要面向大城市白领,你还可以考虑在地

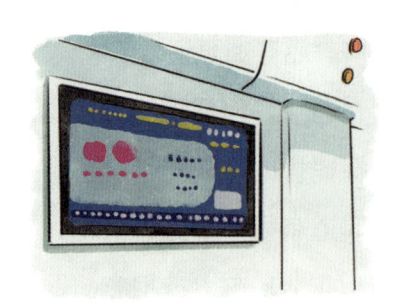

铁车厢投一些广告。

小知识

名人代言：企业有时会请影视明星或著名运动员来推广产品，还会给他们一大笔钱。比如，篮球明星勒布朗·詹姆斯曾与耐克公司签订了一份7年9000万美元的合同，目的是推广耐克篮球鞋。

很少有产品可以长盛不衰

大部分产品都会经历四个阶段的生命周期：导入期、成长期、饱和期、衰退期。

生活中的经济学

问一下你的父母，他们小时候流行的产品现在还有吗？

无论是动物、植物还是人类，都要经历从出生到死亡的生命周期。事实上，产品也有生命周期，这个周期从产品进入市场开始，到产品被淘汰退出市场结束。典型的产品生命周期一般可分为四个阶段：导入期、成长期、饱和期和衰退期。

导入期

新产品投入市场，就进入了导入期。这时候的消费者对产品还不了解，产品销量可能会比较低。为了增加销量，需要投入大量的营销费用，对产品进行宣传推广。

成长期

这时消费者对产品已经熟悉，大量的消费者开始购买，市场逐步扩大。很多竞争者看到有利可图，会纷纷进入市场参与竞争，使同类产品的供给量增加。

饱和期

在这一阶段，竞争越来越激烈，导致产品价格降低，而营销费用却不断增加。

衰退期

新产品的不断出现，使得消费者转而关注其他的新产品，原来产品的销量迅速下降。这时候再多的宣传可能都无济于事了。

产品所处的生命周期阶段不同，企业制定的营销策略也应该有所不同，所以企业一定要随时了解自己的产品处于生命周期的哪个阶段。

很多企业试图延长原产品的寿命。他们可能会重新设计产品的包装，或者发现产品的新用途，试图让消费者相信这款产品仍然值得拥有。

商品怎么从生产者流向消费者？

分销是指商品从生产者流向消费者，这个过程一般要经过中间商，比如批发商和零售商。

生活中的经济学

你的衣服是在工厂还是商店购买的？你家的食材是在哪里购买的？

有些消费品，比如农产品，通常由生产者卖给批发商，再由批发商卖给超市、菜市场等零售商，最后由零售商卖给消费者。还有些消费品，比如汽车，通常由生产者直接卖给零售商，再由零售商卖给消费者。

上述商品流通过程中的每一个环节，商品都会被加价。换句话说，生产者把商品卖给批发商后，批发商会加价卖给零售商，零售商再加价卖给消费者。事实上，商品直接由生产者卖给消费者的情况并不多，农户在路边摆摊卖蔬菜属于这种情况。这

里提到的批发商和零售商就是商品的分销渠道。

批发商

批发商从生产者那里购买大量货物。如果批发商购买的是消费品，会卖给零售商；如果批发商购买的是原材料或机器设备，会卖给其他的生产者。所以作为消费者，你很少接触到批发商。

零售商

直接把消费品卖给消费者的企业叫零售商。零售商的消费品可能是直接从生产者那里购买的，也可能是从批发商那里购买的。作为消费者，你能接触到很多零售商，比如商场、超市、便利店、文具店、书店等等。此外，在京东、淘宝开的店铺也属于零售商。

无论是生产者，还是批发商和零售商，经常需要储存货物以备将来随时销售，这就是仓储，也是分销过程的一部分。作为消费者，你能看到超市的货架上摆满了各种商品，这就

是零售商的仓储。

　　商品从生产者到批发商和零售商，再到消费者的流动过程离不开运输，这也是分销过程的一部分。运输包括陆运、空运和海运，如果是网上零售，还需要通过快递或同城即时配送将商品送到消费者手中。马来西亚的猫山王榴梿经常需要空运给中国的批发商，然后再通过陆运送到各个零售商手中。

玛格丽特·惠特曼

（1958—　）
曾任惠普公司总裁兼首席执行官、
eBay（易贝）公司总裁兼首席执行官

玛格丽特·惠特曼（Margaret Whitman）被认为是全球最有权势的女性之一。1977年惠特曼考入哈佛大学攻读经济学硕士学位，毕业后加入宝洁公司，之后又在几家大公司担任了重要职位，随后就开始了她职业生涯中最重要的转变。

1997年，惠特曼收到了eBay公司首席执行官职位的邀请。起初她并不感兴趣。那一年，eBay的营业收入只有570万美元，以现在的标准来看，这是一家相当小的公司。然而，经过进一步研究，惠特曼开始相信加盟eBay是正确的选择。最终，eBay的股东们也都同意了惠特曼的加盟。在惠特曼的领导下，eBay的年收入在短短8年内从570万美元增长到45亿美元。

2011年，惠特曼加盟惠普，任总裁兼首席执行官。而就在前一年，惠普股价暴跌42%，主要竞争对手戴尔（Dell）在服务器市场上扩大地盘，而惠普似乎无力阻挡。2012年4月，惠普和戴尔争夺微软必应（Bing）的3.5亿美元订单，最后戴尔胜出。

惠特曼不甘心就这样接受失败。在几分钟内，她就打电话给微软首席执行官史蒂夫·鲍尔默：“告诉我，我们哪里做得不好？不要敷衍我！这样我们下次才能做得更好。"不久后，微软向惠特曼发送了一个包含多页内容的备忘录，列出了惠普失去机会的 9 个原因。微软的一位助理说："即使你的报价很有竞争力，你也未必会胜出。"

在惠特曼眼中，这个备忘录不是羞辱，而是战斗计划。她迅速组建了一支攻坚团队，目标是：找到使惠普更具竞争力的方法；在向微软提出新的成本节约措施方面赶上戴尔；承诺在两天而不是四周内修复软件漏洞。当微软必应在次年 1 月份采购 5.3 亿美元的服务器时，惠普赢得了订单。

这一过程中，惠特曼的个人财富也在快速增长。2021 年，她以 58 亿美元的财富位列福布斯全球富豪榜第 476 位。那么，惠特曼如何看待自己的工作呢？她说：

> 我每周都会遇到不同的问题，不同的挑战，也会有新的东西要思考。甚至可能一周有好几次，我都会发现自己有不会的东西，直到把它学会！

或许惠特曼认为这份工作最好的地方在于它提供了不断学习的机会。

想一想

惠特曼在决定是否加盟 eBay 时做了怎样的权衡取舍?

惠特曼在惠普期间的哪件事体现了她"不甘心接受失败"?

惠特曼认为最好的工作有什么特点?

提升消费者体验感成了常态

过去，企业都把精力集中在推出更新的、更好的或者更便宜的商品和服务方面。现在，企业都在绞尽脑汁尽可能为消费者创造超棒的体验感。换句话说，现在更重要的是体验感，而不是产品本身。长期以来，这种提升消费者体验感的商业模式一直是个别品牌的专属，但现在这种商业模式正迅速渗透进所有行业，并成为常态。

提升品牌体验感的十大准则

1. 消费者购买商品是为了提升生活品质。

2. 产品满足的是需求，体验满足的是欲望。

3. 品牌需要对消费者诚实，而能令消费者信任则更诱人。

4. 物美价廉是必须的，被消费者偏爱才能创造销量。

5. 虽然坏名声也可以令品牌为人所知，但想要广受欢迎，品牌必须满足消费者的期待。

6. 品牌本身只是一种用来识别的标志，而品牌个性取决于商品的与众不同和魅力。

7. 产品的功能关注的是产品是否实用，而产品的设计关系到产品的体验感。

8. 广泛陈列是为了让消费者看到产品，提升用户体验是为了让消费者感知到产品。

9. 品牌表达是为消费者提供产品信息，品牌对话是和消费者分享产品体验。

10. 提供服务也属于销售，能和消费者建立关系才说明获得了消费者的认可。

强调消费者的体验感是营销观念的又一革新。事实上，企业非常愿意这么做，因为相对于卖商品和卖服务，卖"体验感"的利润率要高得多。你在咖啡店消费的绝不仅仅是一杯咖啡，更多的是它传递给你的情感体验。

想一想

通过阅读上面的文章，你觉得营销的目标发生了什么变化？

企业为什么愿意接受提升消费者体验感的商业模式？

应该禁止针对儿童的广告吗？

企业每年在针对儿童的广告上花费大量的时间和精力，最小的目标儿童仅2岁。通过电视、游戏、电影、短视频等渠道，孩子们每天都看着投给自己的广告。截至2022年，中国肥胖儿童达到了3900万。与此同时，针对儿童的零食广告却充斥各种媒体，薯片、方便面、糖果、冰淇淋，孩子们喜欢的应有尽有。

禁止针对儿童发布广告的支持者表示，这些广告会使儿童更容易喜欢上吃零食。禁止针对儿童发布广告的反对者认为，父母应该加强对孩子的管教，而不是简单粗暴地取消针对儿童的广告。

正方

应该禁止，因为父母无法对抗整个广告行业。

我们不能再袖手旁观，因为孩子们的健康正成为企业利润的牺牲品。儿童特别容易受广告的影响，8岁以下的孩子无法理解广告是用来说服人们购买产品的。10多岁的孩子尤其脆弱，他们渴望长大，他们想使自己显得更成熟，而这些特点都被商家利用了。想为孩子找一段没有广告推销时间的节目越来越困难了。

单个的家庭无法独自对抗整个广告行业。如果政府关心儿童的健康和幸福成长，建议颁布相关法律，保证孩子们健康成长的权利，并使这些权利免遭贪婪的破坏。

反方

不应该禁止，父母与广告主应彼此信任。

　　企业作为广告主，需要通过有效和诚实的广告来获得孩子和父母的信任。而父母必须对他们的孩子负责：监督孩子看什么和读什么，安排好孩子的空闲时间，并教育孩子们成为负责任和明智的消费者。只有广告主负责好广告内容，家长们负责好孩子的时间，对儿童广告的争议才会减少。

　　中国广告协会非常重视落实《中华人民共和国广告法》中关于未成年人身心健康保护的规定，引导广告主增强保护未成年人的责任意识。2020年，中国广告协会组织会员单位建立了未成年人广告自律平台，推进涉及未成年人广告的自律工作。业界认为，广告主、广告公司以及播出平台都会对针对儿童的商业广告进行严格的审查，并且有一整套审批流程。

想一想

正方认为广告的什么特点是8岁以下的孩子无法理解的?

反方认为广告主和家长应当分别承担什么责任?

你看过哪些令你印象深刻的广告?举例说明,那些广告的什么内容吸引到你了?